ENRIQUE GRANADOS

———

VALSES POETICOS

———

PARA PIANO

———

UNION MUSICAL EDICIONES S.L.

A mi amigo Joaquin Malats

Valses Poéticos

E. GRANADOS

Vivace molto.

© This Edition Copyright 1992 by Union Musical Ediciones, S.L. Madrid (España)

Tempo de Vals noble.

Nº 2

Tempo de Vals lento.

Nº 3

10

12